AF220388

Impressum
Verlag: BABADADA GmbH, Nedderfeld 112 , 22529 Hamburg
Geschäftsführer / Verlagsleitung: Harald Hof
Druck: Books on Demand GmbH, In de Tarpen 42, 22848 Norderstedt

Imprint
Publisher: BABADADA GmbH, Nedderfeld 112 , 22529 Hamburg, Germany
Managing Director / Publishing direction: Harald Hof
Print: Books on Demand GmbH, In de Tarpen 42, 22848 Norderstedt, Germany

المدرسة

kool

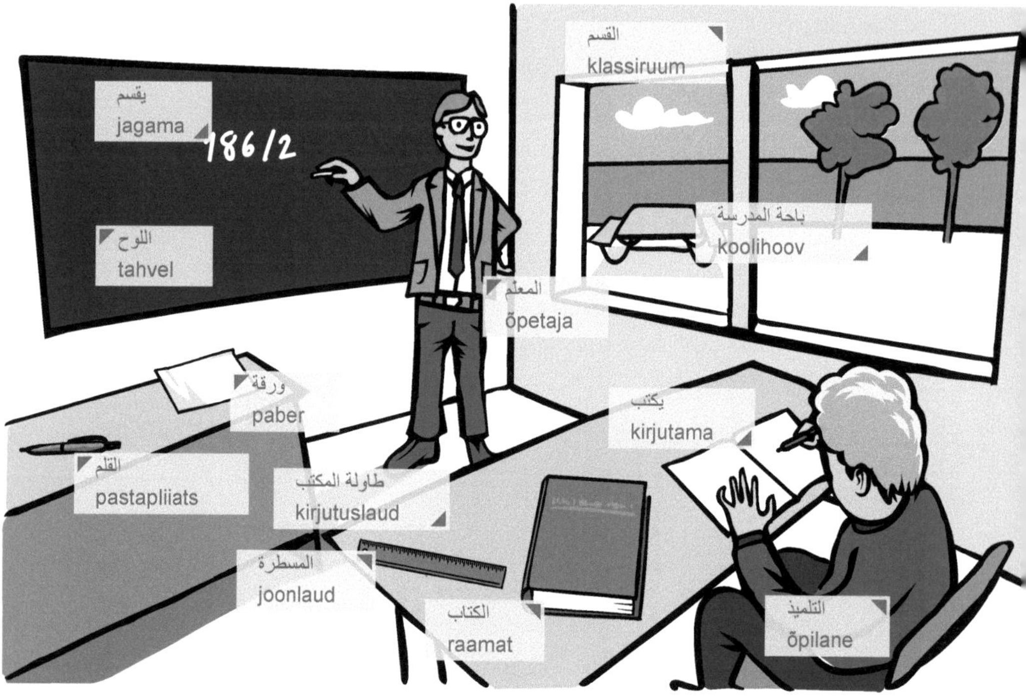

القسم
klassiruum
يقسم
jagama
186/2
اللوح
tahvel
باحة المدرسة
koolihoov
المعلم
õpetaja
ورقة
paber
يكتب
kirjutama
القلم
pastapliiats
طاولة المكتب
kirjutuslaud
المسطرة
joonlaud
الكتاب
raamat
التلميذ
õpilane

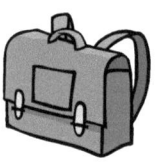

الحقيبة المدرسية

koolikott

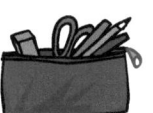

المقلمة

pinal

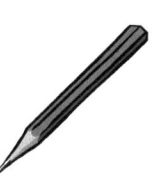

قلم الرصاص

harilik pliiats

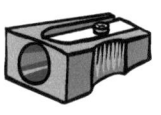

البرّاية

pliiatsiteritaja

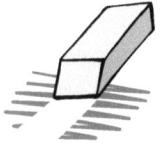

الممحاة

kustukumm

دفتر الرسم

joonistusplokk

الرسمة

joonistus

الفرشاة

pintsel

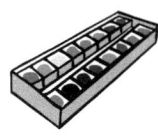

علبة التلوين

värvikarp

المقص

käärid

المادة اللاصقة

liim

دفتر التمارين

töövihik

الواجب المدرسي

kodutöö

12

الرقم

number

2+2

يجمع

liitma

5-2

يطرح

lahutama

2×2

يضرب

korrutama

يحسب

arvutama

A

الحرف

täht

ABCDEFG HIJKLMN OPQRSTU VWXYZ

الأبجدية

tähestik

hello

كلمة

sõna

النص

tekst

يقرأ

lugema

الطبشور

kriit

الحصة

koolitund

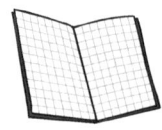

دفتر الدوام المدرسي

klassipäevik

الامتحان

eksam

شهادة

tunnistus

اللباس المدرسي

koolivorm

التعليم

haridus

الموسوعة

entsüklopeedia

الجامعة

ülikool

المجهر

mikroskoop

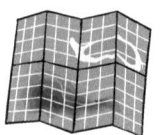

الخريطة

kaart

قماما

paberikorv

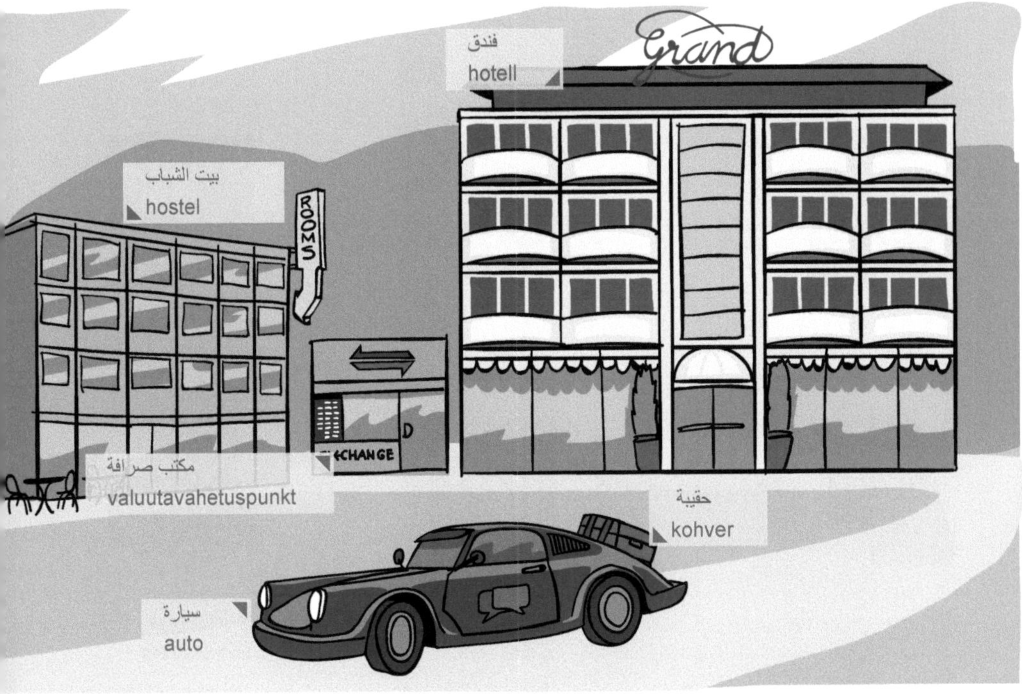

فندق
hotell
Grand
بيت الشباب
hostel
ROOMS
EXCHANGE
مكتب صرافة
valuutavahetuspunkt
حقيبة
kohver
سيارة
auto

اللغة
keel

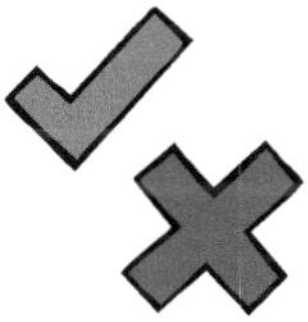
نعم / لا
jah / ei

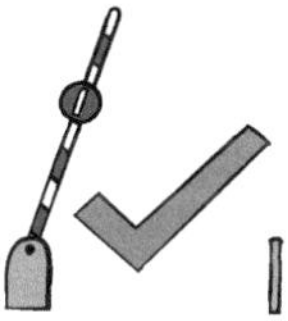
حسناً
okei

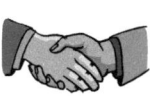

مرحباً
Tere!

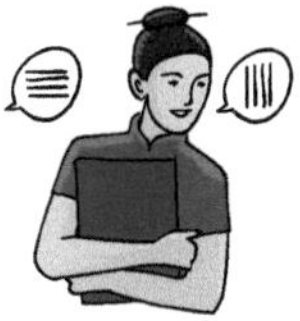
مترجم
tõlk

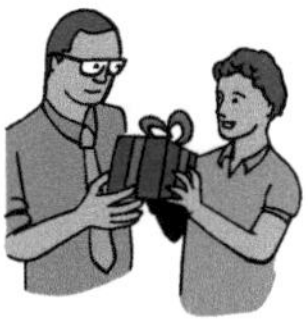
شكراً
Aitäh!

كم ثمن ... ؟

Kui palju maksab …?

لا أفهم

Ma ei saa aru

مشكلة

probleem

مساء الخير

Tere õhtust!

صباح الخير!

Tere hommikust!

ليلة سعيدة

Head ööd!

إلى اللقاء

Head aega!

اتجاه

suund

أمتعة السفر

pagas

حقيبة

kott

حقيبة ظهر

seljakott

ضيف

külaline

غرفة

tuba

كيس للنوم

magamiskott

خيمة

telk

استعلامات سياحية

turismiinfo

شاطئ

rand

بطاقة انتمان

krediitkaart

إفطار

hommikusöök

طعام الغداء

lõunasöök

العشاء

õhtusöök

بطاقة سفر

pilet

مصعد

lift

طابع بريدي

postmark

حدود

riigipiir

الجمارك

toll

سفارة

saatkond

تأشيرة

viisa

جواز سفر

pass

نقل

transport

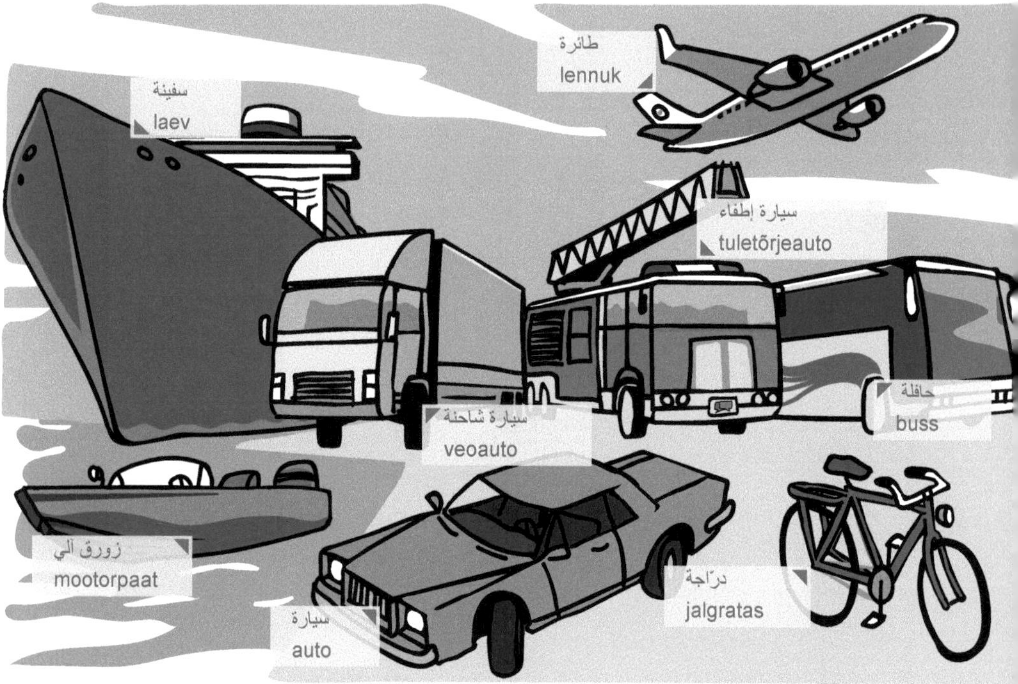

سفينة
laev
طائرة
lennuk
سيارة إطفاء
tuletõrjeauto
حافلة
buss
سيارة شاحنة
veoauto
زورق آلي
mootorpaat
سيارة
auto
درّاجة
jalgratas

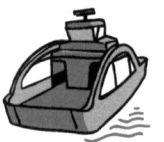

عبارة
praam

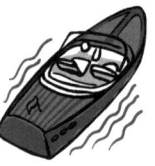

قارب
paat

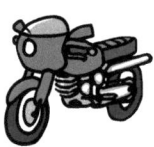

دراجة نارية
mootorratas

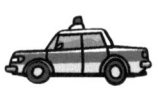

سيارة شرطة
politseiauto

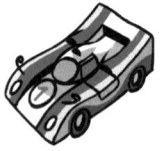

سيارة سباق
võidusõiduauto

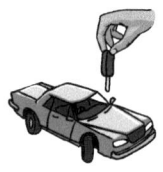

سيارة مستأجرة
rendiauto

أسلوب تشاركي في استئجار السيارات

....

ühisauto

سيارة للجر

....

puksiirauto

سيارة نقل القمامة

....

prügiauto

محرك

....

mootor

وقود

....

kütus

محطة وقود

....

tankla

إشارة مرور

....

liiklusmärk

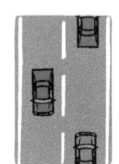

حركة السير

....

liiklus

ازدحام سير

....

liiklusummik

موقف سيارات

....

parkla

محطة قطار

....

raudteejaam

سكك حديدية

....

rööpad

قطار

....

rong

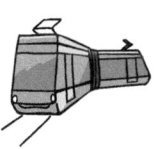

ترام

....

tramm

عربة قطار

....

vagun

طائرة مروحية

helikopter

مطار

lennujaam

برج

torn

مسافر

reisija

حاوية

konteiner

علبة كرتون

pappkast

عربة يد

käru

سلة

korv

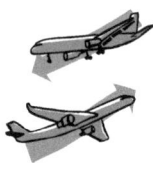

يقلع / يهبط

õhku tõusma / maanduma

قرية

küla

مركز المدينة

kesklinn

بيت

maja

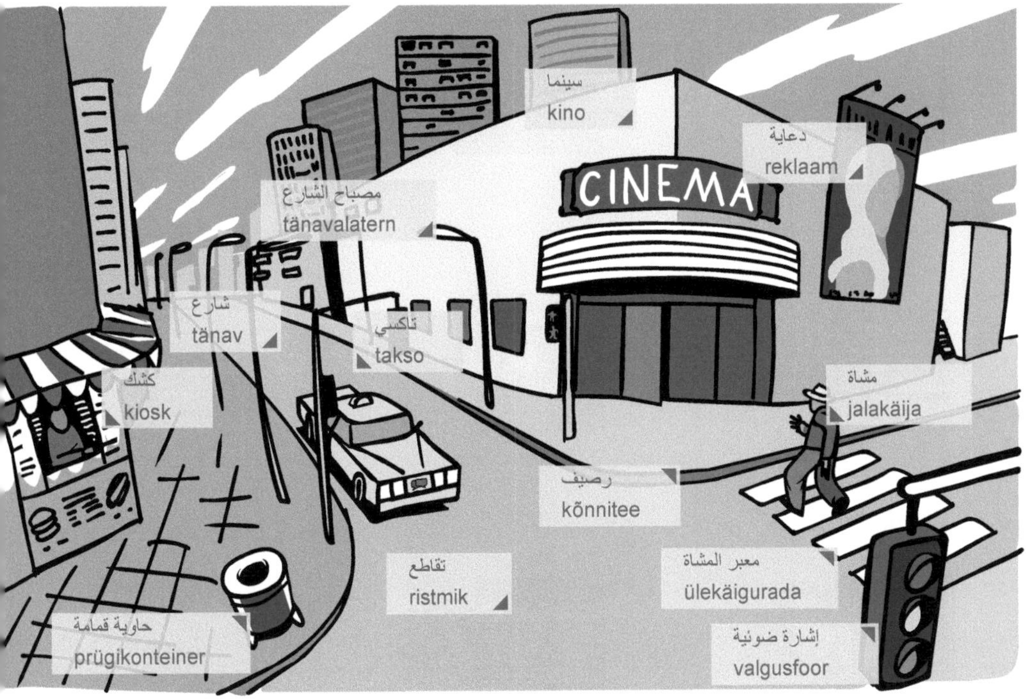

سينما
kino

دعاية
reklaam

مصباح الشارع
tänavalatern

CINEMA

شارع
tänav

تاكسي
takso

مشاة
jalakäija

كشك
kiosk

رصيف
könnitee

تقاطع
ristmik

معبر المشاة
ülekäigurada

حاوية قمامة
prügikonteiner

إشارة ضوئية
valgusfoor

كوخ
....
osmik

شقة
....
kortermaja

محطة قطار
....
raudteejaam

دار البلدية
....
raekoda

متحف
....
muuseum

المدرسة
....
kool

الجامعة

ülikool

مصرف

pank

المستشفى

haigla

فندق

hotell

صيدلية

apteek

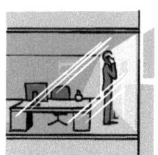

مكتب

kontor

مكتبة

raamatupood

متجر

kauplus

محل لبيع الزهور

lillepood

سوبرماركت

supermarket

سوق

turg

متجر كبير

kaubamaja

تاجر السمك

kalapood

مركز تسوّق

kaubanduskeskus

ميناء

sadam

حديقة عامة

park

مقعد

pink

جسر

sild

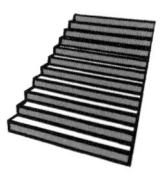

درج، سلم

trepp

مترو

metroo

نفق

tunnel

موقف حافلات

bussipeatus

بار

baar

مطعم

restoran

صندوق البريد

postkast

لافتة باسم الشارع

tänavasilt

مقياس زمن الوقوف

parkimisautomaat

حديقة حيوانات

loomaaed

مسبح

ujula

مسجد

mošee

مزرعة

talu

تلوث البيئة

reostus

مقبرة

surnuaed

كنيسة

kirik

ملعب الأطفال

mänguväljak

معبد

tempel

طبيعة ريفية

maastik

![maastik illustration with labels]

ورقة / leht

علامة إرشاد / teeviit

طريق / tee

مرج / aas

حجر / kivi

رحالة / matkaja

شجرة / puu

نهر / jõgi

عشب / rohi

زهرة / lill

وادٍ
....
org

جبل
....
mägi

بحيرة
....
järv

غابة
....
mets

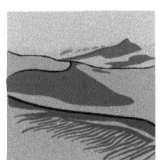

صحراء
....
kõrb

بركان
....
vulkaan

قلعة
....
linnus

قوس قزح
....
vikerkaar

فطر
....
seen

نخلة
....
palm

بعوض
....
sääsk

ذبّانة
....
kärbes

نملة
....
sipelgas

نحلة
....
mesilane

عنكبوت
....
ämblik

خنفساء

mardikas

ضفدعة

konn

سنجاب

orav

قنفذ

siil

أرنب

jänes

بومة

öökull

عصفور

lind

بجعة

luik

خنزير برّي

metssiga

غزال

hirv

إلكة

põder

سد

pais

دولاب الطاحونة الهوائية

tuuleturbiin

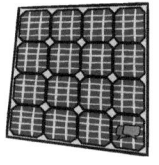

خلية شمسية

päikesepaneel

مناخ

kliima

مطعم

restoran

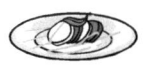

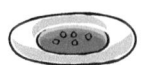

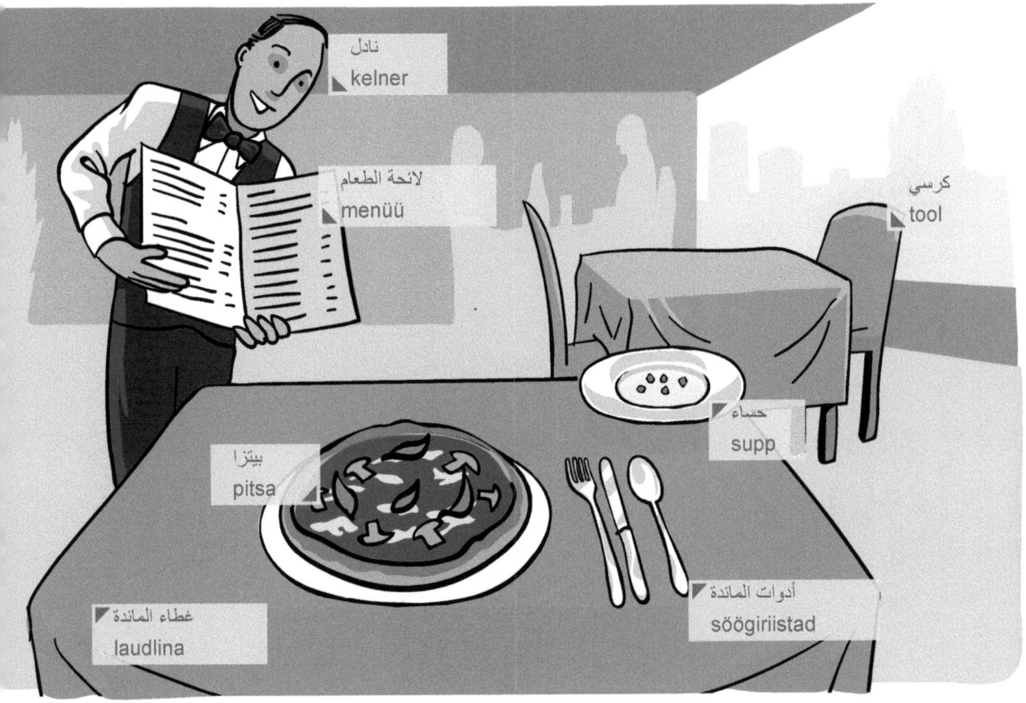

نادل
kelner
لائحة الطعام
menüü
كرسي
tool
حساء
supp
بيتزا
pitsa
أدوات المائدة
söögiriistad
غطاء المائدة
laudlina

مقبلات
....
eelroog

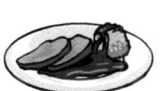

الصحن الرئيسي
....
pearoog

حلوى أو فاكهة بعد الطعام
....
magustoit

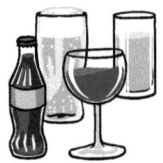

مشروبات
....
joogid

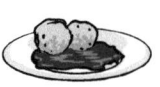

طعام
....
toit

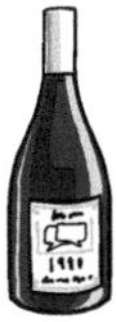

زجاجة
....
pudel

وجبات سريعة

kiirtoit

طعام الشارع

tänavatoit

إبريق الشاي

teekann

علبة السكر

suhkrutoos

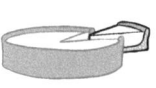

حصة

portsjon

آلة الإسبريسو

espressomasin

كرسي عالٍ

lastetool

فاتورة

arve

صينية

kandik

سكين

nuga

شوكة

kahvel

ملعقة

lusikas

ملعقة الشاي

teelusikas

منديل المائدة

salvrätik

كأس

klaas

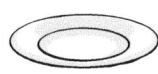

صحن

taldrik

صحن الحساء

supitaldrik

صحن الفنجان

alustass

صلصة

kaste

مملحة

soolatoos

مطحنة الفلفل

pipraveski

خلّ

äädikas

زيت الطعام

õli

توابل

vürtsid

كتشاب

ketšup

خردل

sinep

مايونيز

majonees

سوبرماركت

supermarket

عرض خاص
eripakkumine
FOR
زبون
klient
مشتقات الحليب
piimatooted
فواكه
puuviljad
عربة تسوّق
ostukäru

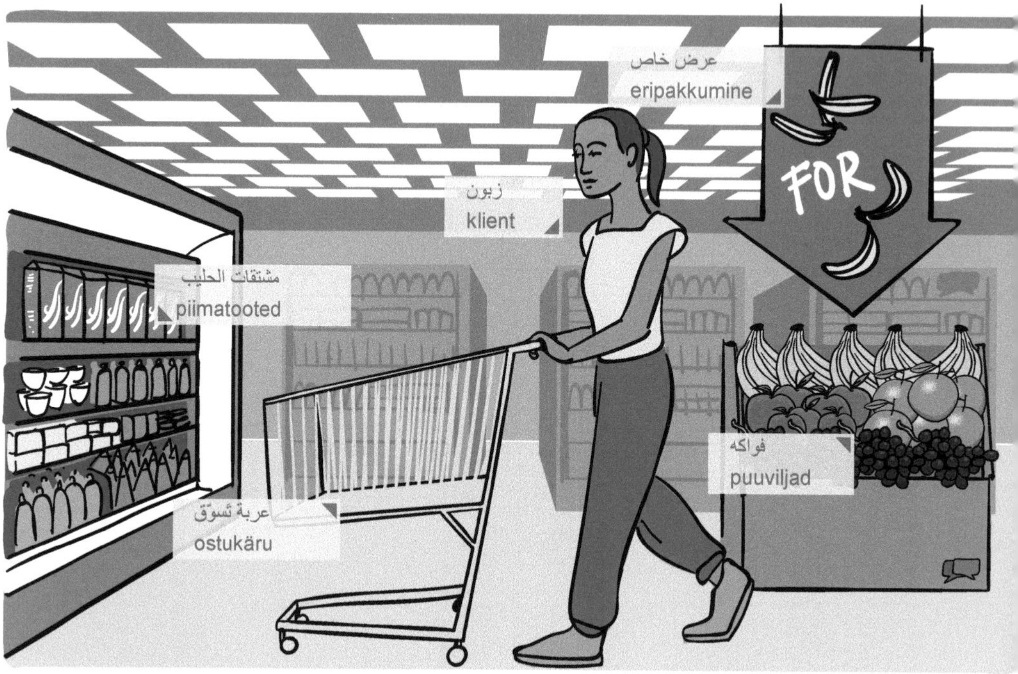

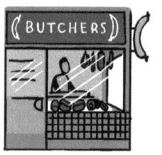

BUTCHERS

جزّار

lihapood

BAKERY

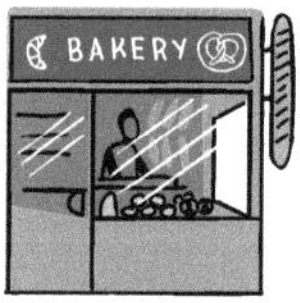

مخبز

pagariäri

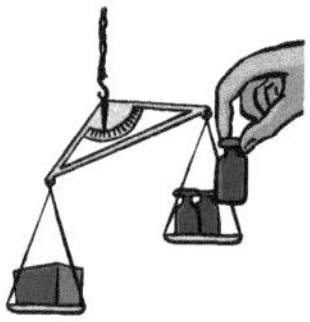

يزن

kaaluma

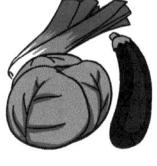

خضار

köögiviljad

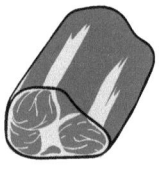

لحم

liha

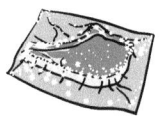

المأكولات المجمّدة

külmutatud toit

لحم مقدد أو جبن

lihalõigud

معلّبات

konservid

مسحوق الغسيل

pesupulber

حلويات

maiustused

المواد المنزلية

majatarbed

منظفات

puhastustooted

بائعة

müüja

صندوق الحساب

kassaaparaat

أمين صندوق

kassapidaja

قائمة المشتريات

ostunimekiri

أوقات العمل

lahtiolekuajad

محفظة النقود

rahakott

بطاقة ائتمان

krediitkaart

حقيبة

kott

كيس بلاستيكي

kilekott

ماء

vesi

عصير

mahl

حليب

piim

كولا

koola

نبيذ

vein

بيرة

õlu

كحول

alkohol

كاكاو

kakao

شاي

tee

قهوة

kohv

قهوة إسبريسو

espresso

كابوتشينو

cappuccino

موزة
....
banaan

تفاح
....
õun

برتقال
....
apelsin

بطيخ
....
arbuus

ليمون
....
sidrun

جزرة
....
porgand

ثوم
....
küüslauk

خيزران
....
bambus

بصل
....
sibul

فطر
....
seen

لوزيات
....
pähklid

شعيرية
....
nuudlid

سباغيتي

spagetid

أرزّ

riis

سلطة

salat

بطاطا مقلية

friikartulid

بطاطا مقلية

praekartulid

بيتزا

pitsa

هامبورغر

hamburger

ساندويش

võileib

شريحة لحم مقلية

šnitsel

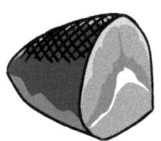

لحم خنزير

sink

سلامي

salaami

سجق

vorst

دجاج

kana

لحم محمر

praeliha

سمك

kala

دقيق الشوفان

kaerahelbed

موسلي

müsli

كورن فلكس

maisihelbed

طحين

jahu

كرواسان

sarvesai

خبز صغير

kukkel

خبز

leib

خبز محمص

röstsai

بسكويت

küpsised

زبدة

või

لبن زبادي

kohupiim

كعكة

kook

بيضة

muna

بيض مقلي

praemuna

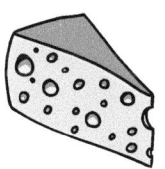

جبنة

juust

مثلجات

jäätis

سكر

suhkur

عسل

mesi

مربّى الفاكهة

moos

كريم النوغا

pähklivõie

الكاري

karri

مزرعة
talu

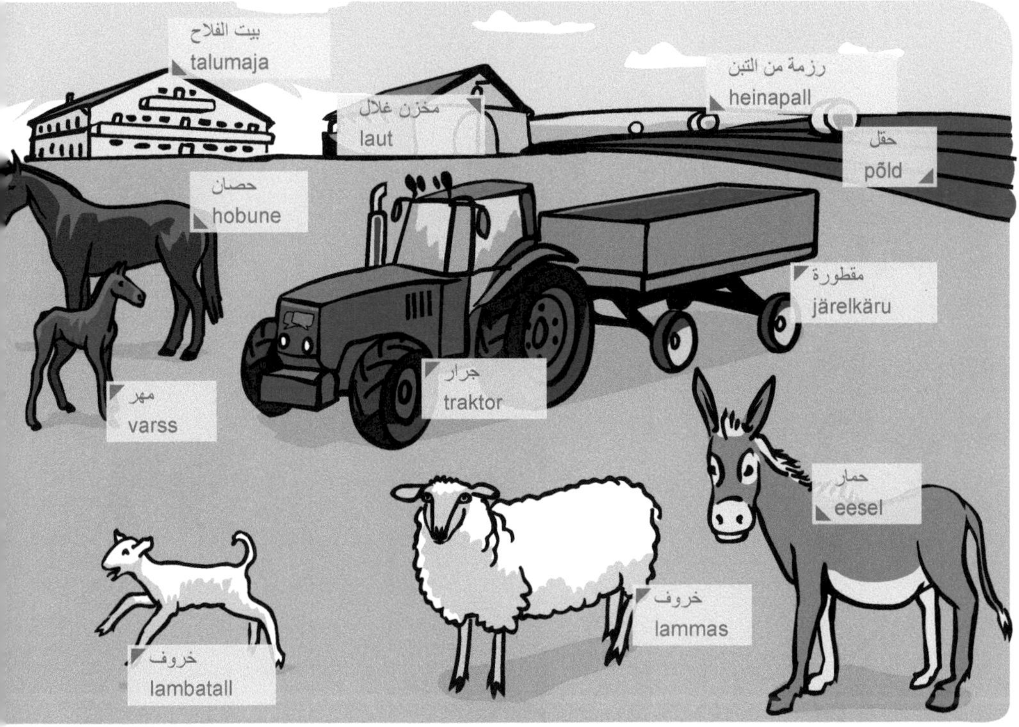

بيت الفلاح
talumaja
مخزن غلال
laut
رزمة من التبن
heinapall
حقل
põld
حصان
hobune
مقطورة
järelkäru
جرار
traktor
مهر
varss
حمار
eesel
خروف
lammas
خروف
lambatall

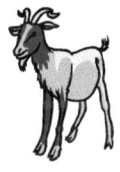

ماعز
....
kits

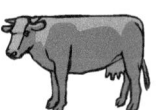

بقرة
....
lehm

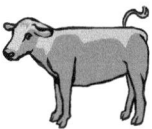

عجل
....
vasikas

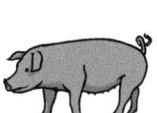

خنزير
....
siga

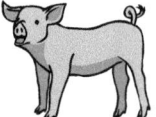

خنزير صغير
....
põrsas

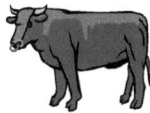

ثور
....
pull

إِوَزَّة

hani

بطة

part

صوص

tibu

دجاجة

kana

ديك

kukk

جرذ

rott

قِطَّة

kass

فأر

hiir

ثور

härg

كلب

koer

كوخ الكلب

koerakuut

خرطوم الحديقة

aiavoolik

إبريق

kastekann

منجل

vikat

المحراث

ader

منجل

sirp

معزقة

kõblas

مذراة الزبل

hang

بلطة

kirves

عربة يد

käru

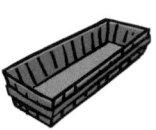

معلف

küna

صفيحة الحليب

piimanõu

كيس

kott

سياج

tara

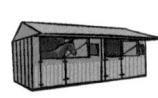

اصطبل

tall

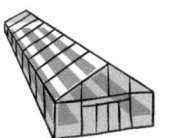

دفيئة

kasvuhoone

تربة

muld

بذور

seeme

سماد

väetis

حصّادة درّاسة

kombain

يحصد

saaki koristama

محصول

saagikoristus

بطاطا يامس

jamss

قمح

nisu

صويا

soja

بطاطا

kartul

ذرة

mais

سلجم

raps

شجرة فاكهة

viljapuu

نبات منيهوت

maniokk

الحبوب

teravili

بيت
maja

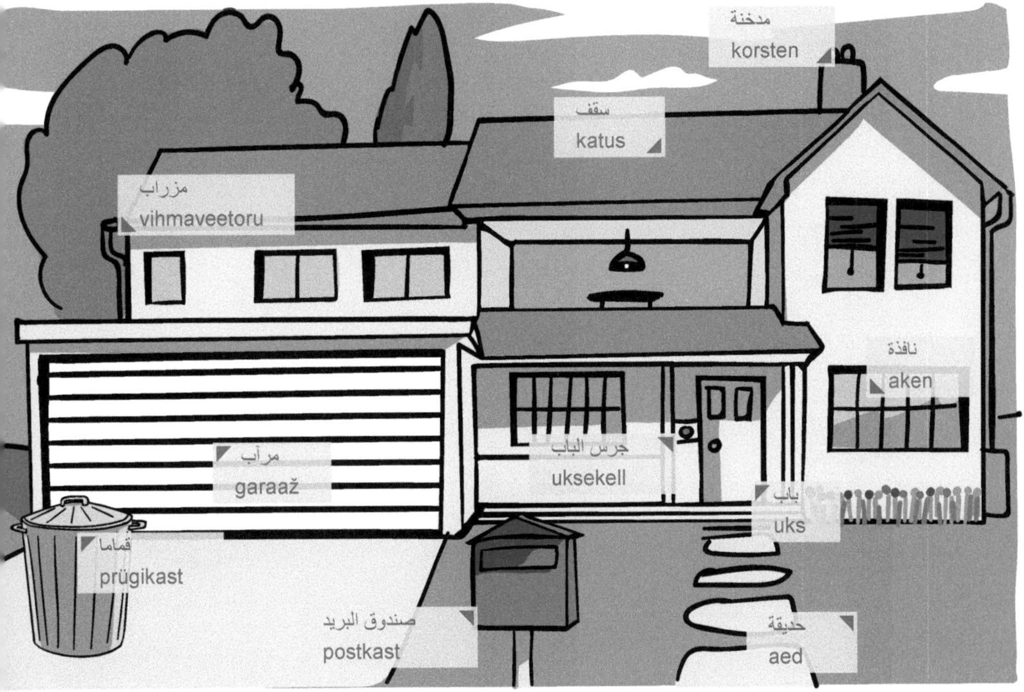

مدخنة
korsten
سقف
katus
مزراب
vihmaveetoru
نافذة
aken
جرس الباب
uksekell
مرآب
garaaž
باب
uks
قماما
prügikast
صندوق البريد
postkast
حديقة
aed

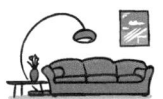

غرفة جلوس

elutuba

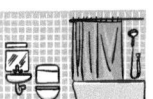

الحمّام

vannituba

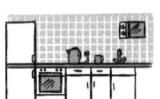

مطبخ

köök

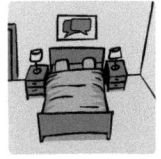

غرفة النوم

magamistuba

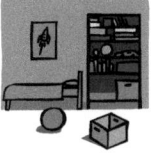

غرفة الأطفال

lastetuba

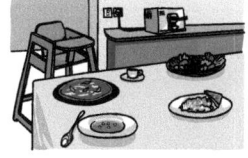

غرفة الطعام

söögituba

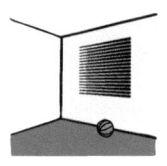

أرضية

põrand

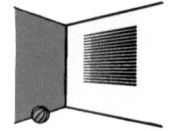

حائط

sein

سقف

lagi

قبو

kelder

ساونا

saun

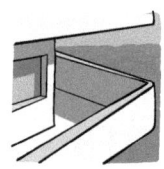

بلكون

rõdu

شرفة

terrass

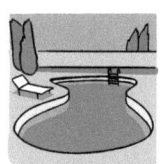

مسبح

bassein

جزّازة العشب

muruniiduk

بياضات السرير

voodilina

بطانية

päevatekk

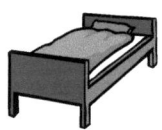

سرير

voodi

مكنسة

luud

سطل

ämber

مفتاح كهربائي

lüliti

غرفة جلوس

elutuba

ورق جدران
tapeet
صورة
pilt
مصباح كهربائي
lamp
رف
riiul
خزانة
kapp
تلفزيون
televiisor
موقد مفتوح
kamin
زهرة
lill
وسادة
padi
كنبة
diivan
مزهرية
vaas
تحكم عن بعد
kaugjuhtimispult

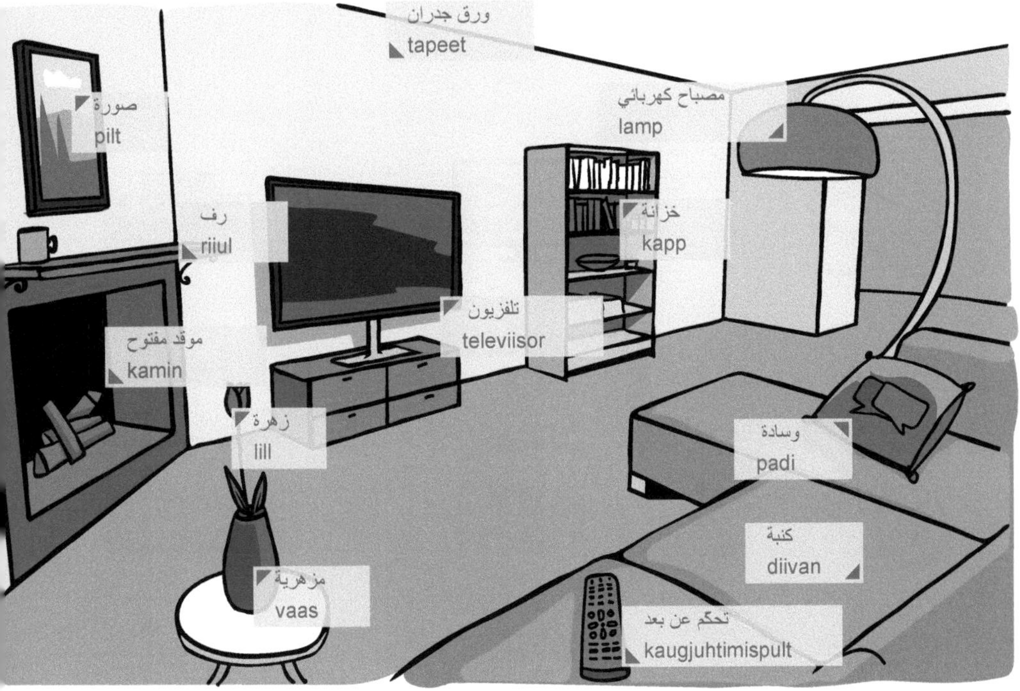

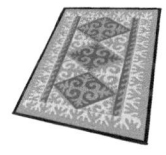

بصاط

vaip

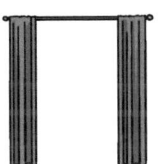

ستارة

kardin

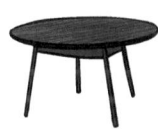

طاولة

laud

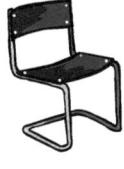

كرسي

tool

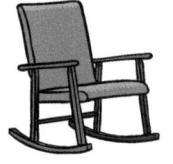

كرسي هزّاز

kiiktool

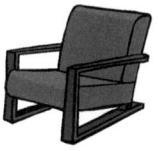

كرسي ذو ذراعين

tugitool

الكتاب

raamat

بطانية

tekk

زخرفة

kaunistus

الحطب

küttepuud

فيلم

film

تجهيزات ستيريو

helisüsteem

مفتاح

võti

جريدة

ajaleht

لوحة مرسومة

maal

مُلصق

plakat

راديو

raadio

دفتر ملاحظات

märkmik

المكنسة الكهربائية

tolmuimeja

صبّار

kaktus

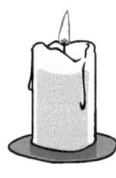

شمعة

küünal

مطبخ
köök

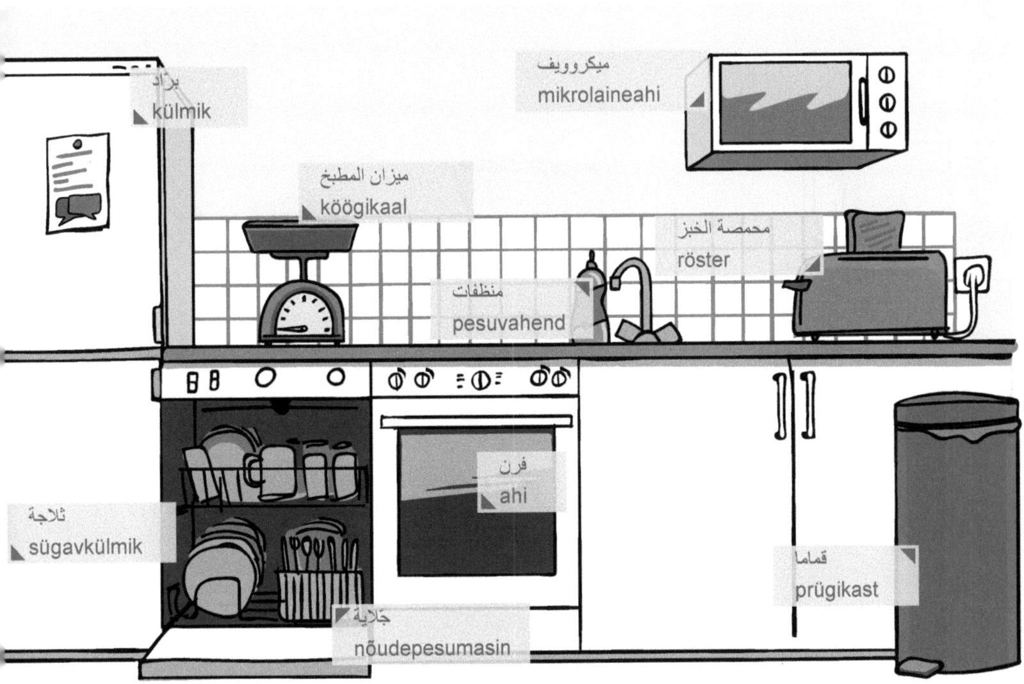

براد
külmik
ميكروويف
mikrolaineahi
ميزان المطبخ
köögikaal
محمصة الخبز
röster
منظفات
pesuvahend
فرن
ahi
ثلاجة
sügavkülmik
قماما
prügikast
جلاية
nõudepesumasin

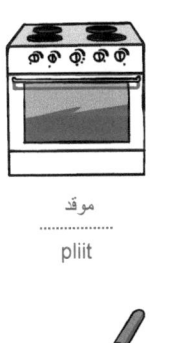

موقد
pliit

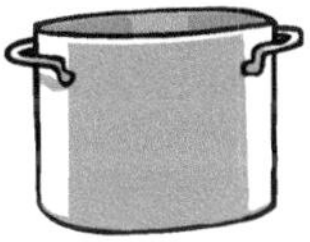
قِدر
pott

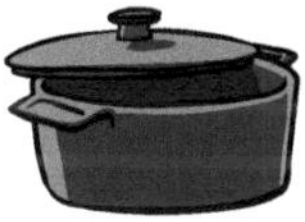
وعاء من الحديد
malmpott

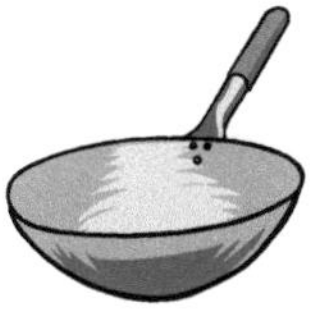
قدر صيني
vokkpann

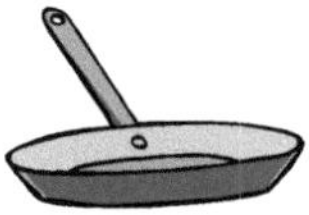
مقلاة
pann

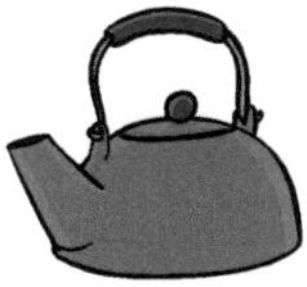
غلاية
veekeetja

قدر البخار

aurutaja

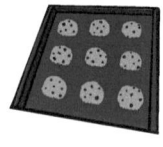

صينية

küpsetusplaat

أواني

lauanõud

فنجان

kruus

صحن

kauss

عيدان الأكل

söögipulgad

مغرفة

kulp

ملعقة منبسطة

pannilabidas

خفاقة

vispel

مصفاة

kurn

مصفاة

sõel

مبشرة

riiv

هاون

uhmer

شواء

grill

موقد

lahtine tuli

لوح التقطيع

lõikelaud

نشّابة

tainarull

مفتاح الزجاجات

korgitser

علبة

konservipurk

مفتاح العلب المعدنية

konserviavaja

قماش الفرن

pajakinnas

مجلى

kraanikauss

فرشاة

hari

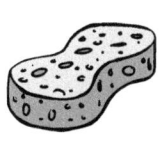

إسفنج

pesukäsn

خلاط

kannmikser

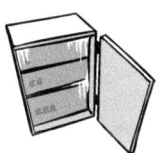

مجمّدة

sügavkülmuti

زجاجة الطفل

lutipudel

صنبور الماء

segisti

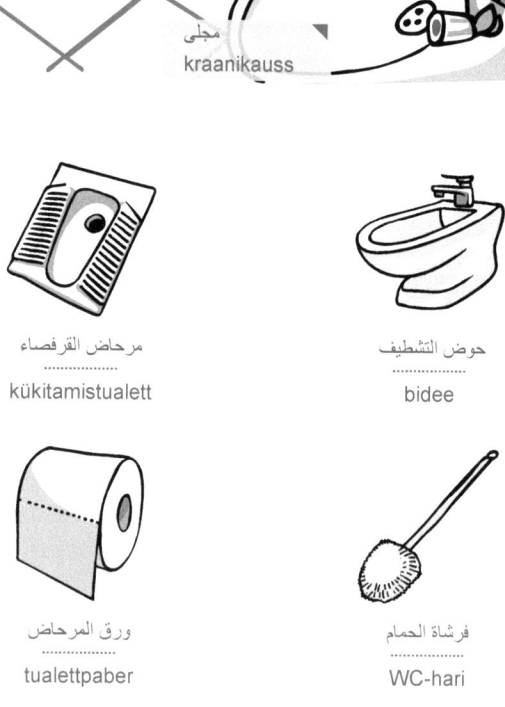

الحمّام

vannituba

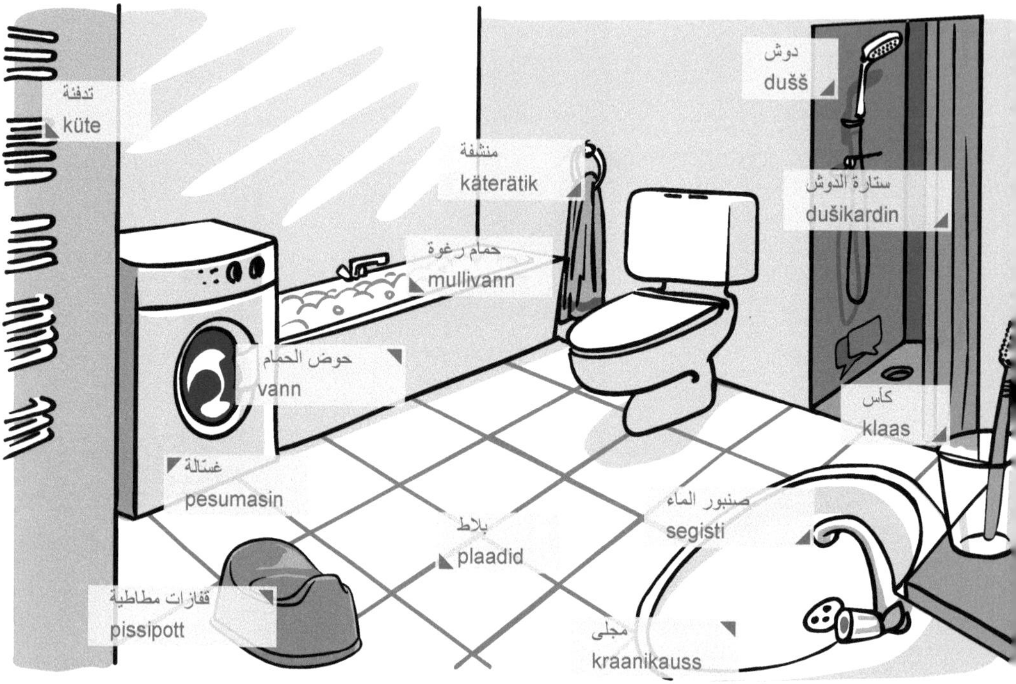

تدفئة
küte
منشفة
käterätik
دوش
dušš
ستارة الدوش
dušikardin
حمام رغوة
mullivann
حوض الحمام
vann
غسّالة
pesumasin
كأس
klaas
صنبور الماء
segisti
بلاط
plaadid
قفازات مطاطية
pissipott
مجلى
kraanikauss

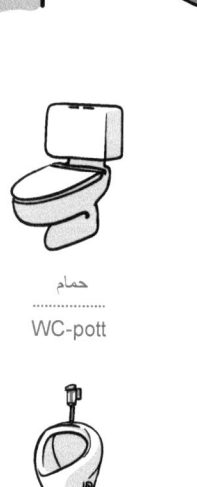

حمام

WC-pott

مرحاض القرفصاء

kükitamistualett

حوض التشطيف

bidee

مبولة

pissuaar

ورق المرحاض

tualettpaber

فرشاة الحمام

WC-hari

فرشاة الأسنان

hambahari

معجون الأسنان

hambapasta

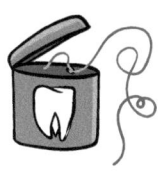

خيط حرير لتنظيف الأسنان

hambaniit

يغسل

pesema

رشاش ماء يدوي

käsidušš

شطاف

intiimdušš

حوض الغسيل

pesukauss

فرشاة الظهر

seljahari

صابون

seep

جيل الدوش

dušigeel

شامبو

šampoon

ممسحة

vamm

مصرف للماء

äravool

مرهم

kreem

مزيل الروائح

deodorant

مرآة

peegel

مرآة يد

käsipeegel

موس حلاقة

habemenuga

رغوة الحلاقة

raseerimisvaht

كولونيا

habemevesi

مشط

kamm

فرشاة

hari

سشوار

föön

مثبت للشعر

juukselakk

ماكياج

meigikomplekt

روج

huulepulk

طلاء أظافر

küünelakk

قطن

vatt

مقص أظافر

küünekäärid

عطر

parfüüm

سلة الغسيل

tualett-tarvete kott

مقعد صغير

taburet

ميزان

kaal

معطف الحمام

hommikumantel

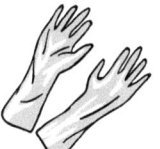

قفازات مطاطية

kummikindad

سدادة قطنية

tampoon

منشفة صحية

hügieeniside

تواليت كيميائية

keemiline tualett

غرفة الأطفال

lastetuba

منبّه
äratuskell
الحيوانات المحنطة
pehme mänguasi
سيارة لعبة
mänguauto
خشخشة
kõristi
بيت الدمى
nukumaja
هدية
kingitus

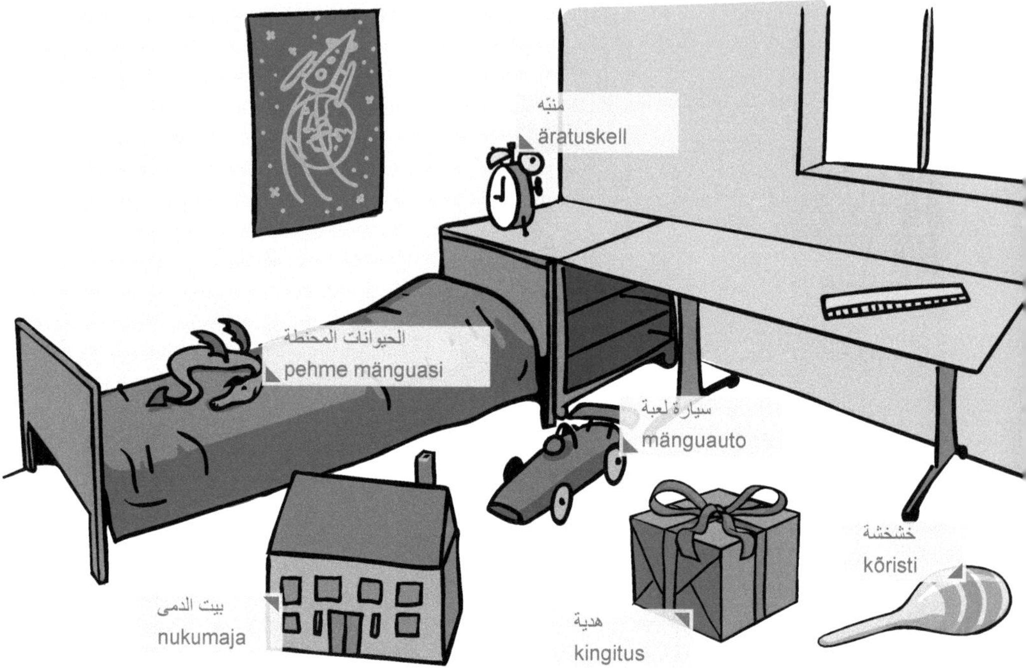

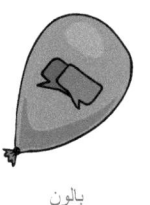

بالون

õhupall

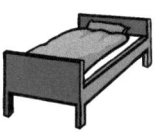

سرير

voodi

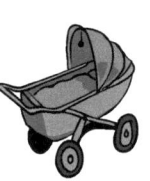

عربة الأطفال

lapsevanker

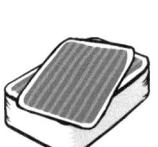

لعبة الورق

kaardipakk

أحجية

pusle

SUPER MEGA

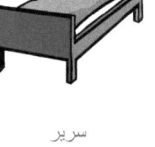

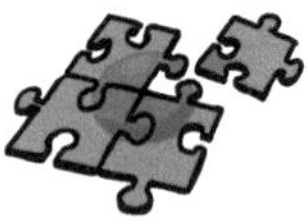

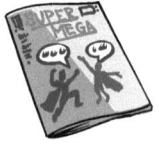

رسوم هزلية

koomiks

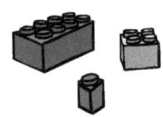

أحجار الليغو

Lego klotsid

حجارة تركيب

klotsid

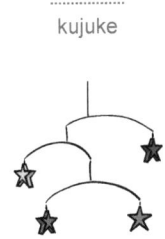

دمية بطل

kujuke

لباس الطفل

siputuspüksid

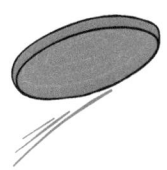

فريسبي

lendav taldrik

دمية معلّقة

voodikarussell

لعبة الطاولة

lauamäng

لعبة النرد

täringud

لعبة قطار

mudelrong

مصّاصة

lutt

حفلة

pidu

كتاب مصوّر

pildiraamat

كرة

pall

دمية

nukk

يلعب

mängima

ملعب رملي للأطفال

liivakast

أرجوحة

kiik

لعبة

mänguasjad

ألعاب فيديو

mängukonsool

دراجة ثلاثية

kolmerattaline jalgratas

دمية على شكل الدب

mängukaru

خزانة الثياب

riidekapp

ثياب

riietus

جوارب قصيرة

sokid

جوارب طويلة

sukad

جورب بنطلون

sukkpüksid

شال
sall

شمسية
vihmavari

تي شيرت
T-särk

حزام
vöö

حذاء شتوي
saapad

شبشب
sussid

أحذية رياضية
tossud

صندل
....
sandaalid

حذاء
....
jalatsid

جزمة كاوتشوك
....
kummikud

سروال داخلي
....
aluspüksid

صدّارة
....
rinnahoidja

قميص داخلي
....
vest

لباس ملاصق للجسم

bodi

بنطلون

püksid

جينز

teksapüksid

تَنورة

seelik

بلوزة

pluus

قميص

särk

سترة قطنية

sviiter

كنزة كم طويل

dressipluus

سترة فضفاضة

bleiser

سترة

jakk

معطف

mantel

معطف مطري

vihmamantel

زي - طقم نسائي

kostüüm

ثوب

kleit

ثوب الزفاف

pulmakleit

طقم

ülikond

قميص نوم

öösärk

بيجاما

pidžaama

ساري

sari

حجاب

pearätt

عمامة

turban

برقع

burka

قفطان

kaftan

عباءة

abayah

مايوه

ujumistrikoo

سروال سباحة

ujumispüksid

شرت

lühikesed püksid

بدلة رياضية

dressid

مئزر

põll

قفازات

kindad

زر
nööp

نظّارة
prillid

إسوارة
käevõru

عِقد
kaelakee

خاتم
sõrmus

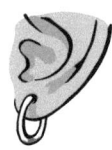

قرط
kõrvarõngas

طاقِيّة
nokamüts

علّاقة ثياب
riidepuu

قَبّعة
kaabu

ربطة العنق
lips

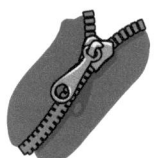

سحّاب
tõmblukk

خوذة
kiiver

حمّالة البنطلون
traksid

اللباس المدرسي
koolivorm

زي موحّد
vormirõivad

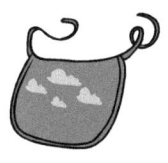

مريلة الأطفال

pudipõll

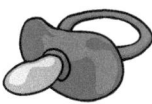

مصّاصة

lutt

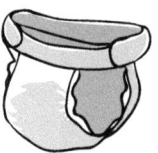

لفافة

mähe

مكتب

kontor

المخدّم
server
خزانة الملفات
arhiivikapp
طابعة
printer
ورقة
paber
شاشة
monitor
فارة
hiir
طاولة المكتب
kirjutuslaud
ملف
kaust
لوحة المفاتيح
klaviatuur
كرسي
tool
قماما
paberikorv
حاسوب
arvuti

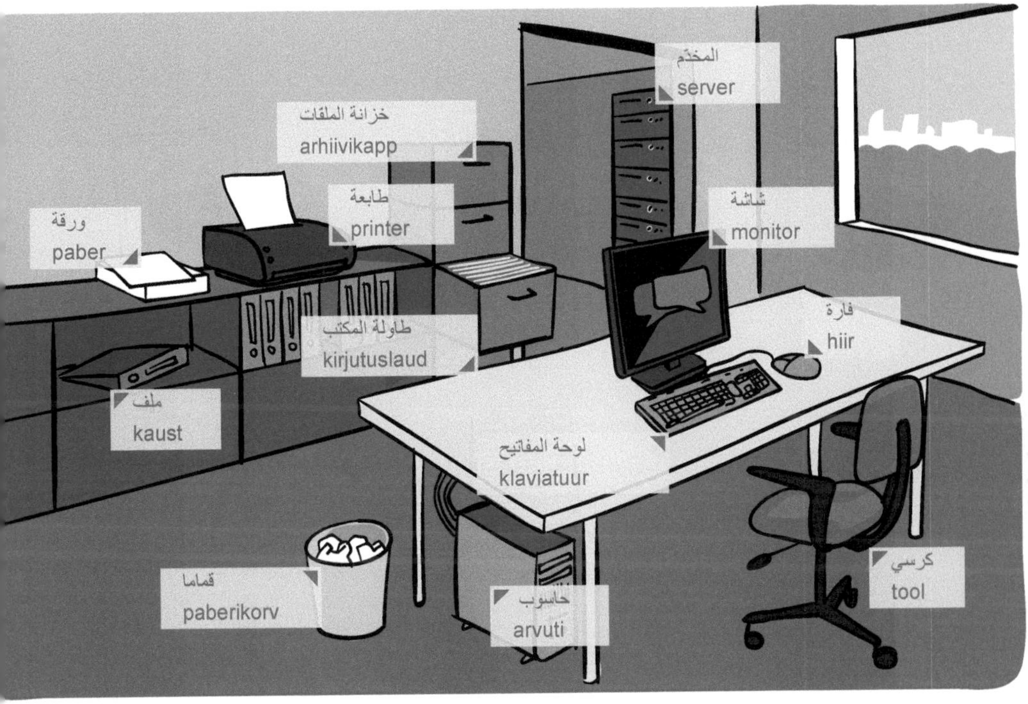

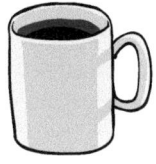

كأس من القهوة

kohvikruus

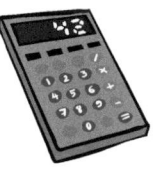

الآلة الحاسبة

kalkulaator

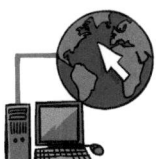

الإنترنت

internet

الحاسوب المحمول
....
sü35arvuti

رسالة
....
kiri

خبر
....
sõnum

الهاتف المحمول
....
mobiiltelefon

شبكة
....
võrk

جهاز تصوير
....
koopiamasin

البرمجيات
....
tarkvara

هاتف
....
telefon

مقبس كهربائي
....
pistikupesa

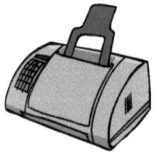

فاكس
....
faksimasin

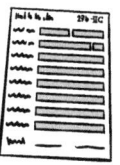

استمارة
....
vorm

وثيقة
....
dokument

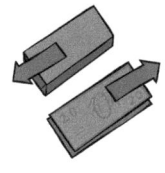

يشتري

ostma

يدفع

maksma

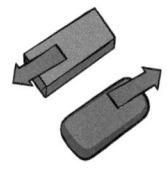

يتاجر

vahetama

مال

raha

دولار

dollar

يورو

euro

ين

jeen

روبل

rubla

فرنك سويسري

Šveitsi frank

يوان

renminbi jüaan

روبية

ruupia

صرّاف آلي

sularahaautomaat

مكتب صرافة

valuutavahetuspunkt

ذهب

kuld

فضة

hõbe

نفط

nafta

طاقة

energia

سعر

hind

عقد

leping

ضريبة

maks

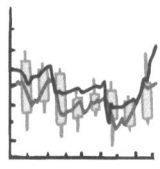

سهم

aktsia

يعمل

töötama

موظف

töötaja

رب العمل

tööandja

مصنع

tehas

متجر

kauplus

المِهَن

ametid

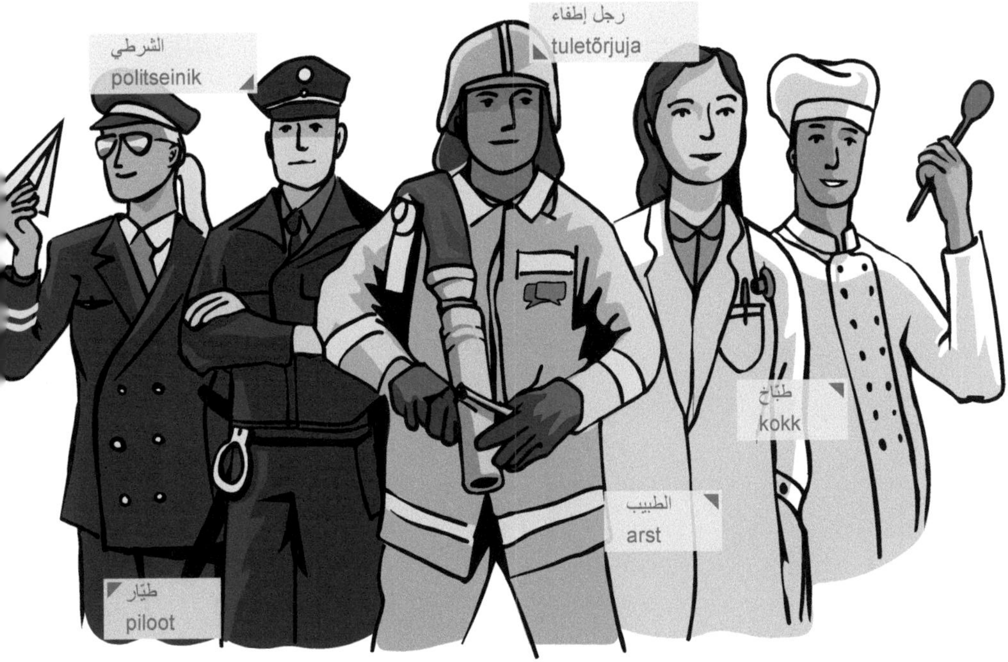

الشرطي
politseinik
رجل إطفاء
tuletõrjuja
طبّاخ
kokk
الطبيب
arst
طيّار
piloot

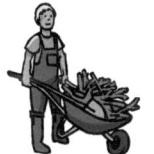

بستاني

aednik

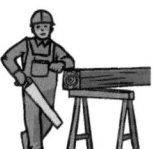

نجّار

puusepp

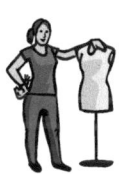

خيّاطة

õmbleja

قاض

kohtunik

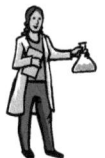

كيميائي

keemik

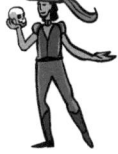

ممثل

näitleja

سائق حافلة

bussijuht

سائق تاكسي

taksojuht

صياد سمك

kalamees

أجيرة للتنظيف

koristaja

بنّاء سقف

katusepaigaldaja

نادل

kelner

صيّاد

jahimees

رسّام

maaler

خبّاز

pagar

كهرباني

elektrik

عامل بناء

ehitaja

مهندس

insener

لَحّام

lihunik

سمكري

torumees

ساعي البريد

postiljon

جندي

sõdur

مهندس معماري

arhitekt

أمين صندوق

kassapidaja

بائع الزهور

lillemüüja

حلاق

juuksur

مراقب القطار

piletikontrolör

ميكانيكي

mehaanik

قبطان

kapten

طبيب أسنان

hambaarst

رجل العلم

teadlane

حاخام

rabi

إمام

imaam

راهب

munk

كاهن

preester

عدة عمل
tööriistad

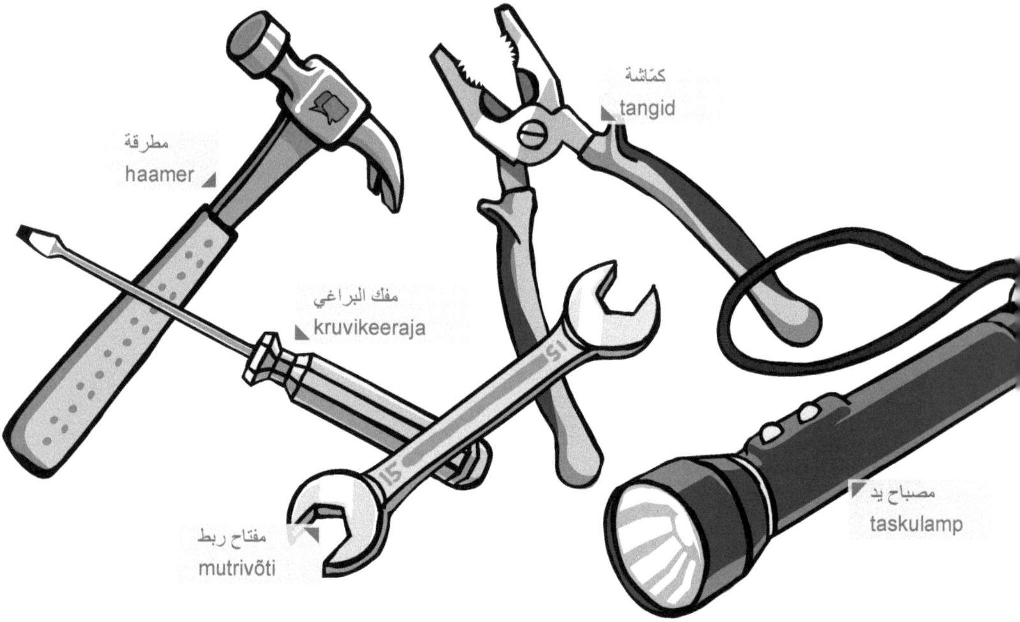

مطرقة
haamer
كمّاشة
tangid
مفك البراغي
kruvikeeraja
مفتاح ربط
mutrivõti
مصباح يد
taskulamp

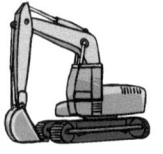

جرافة

ekskavaator

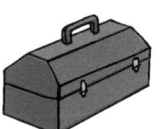

صندوق العدة

tööriistakast

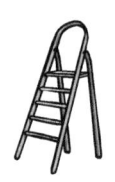

سلم

redel

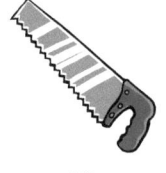

منشار

saag

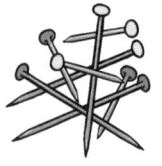

مسامير

naelad

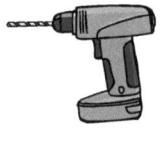

مثقب

trell

يصلح

parandama

مجرفة

labidas

اللعنة

Põrgusse!

لقاطة الكناسة

kühvel

سطل الألوان

värvipott

براغي

kruvid

آلات موسيقية

pillid

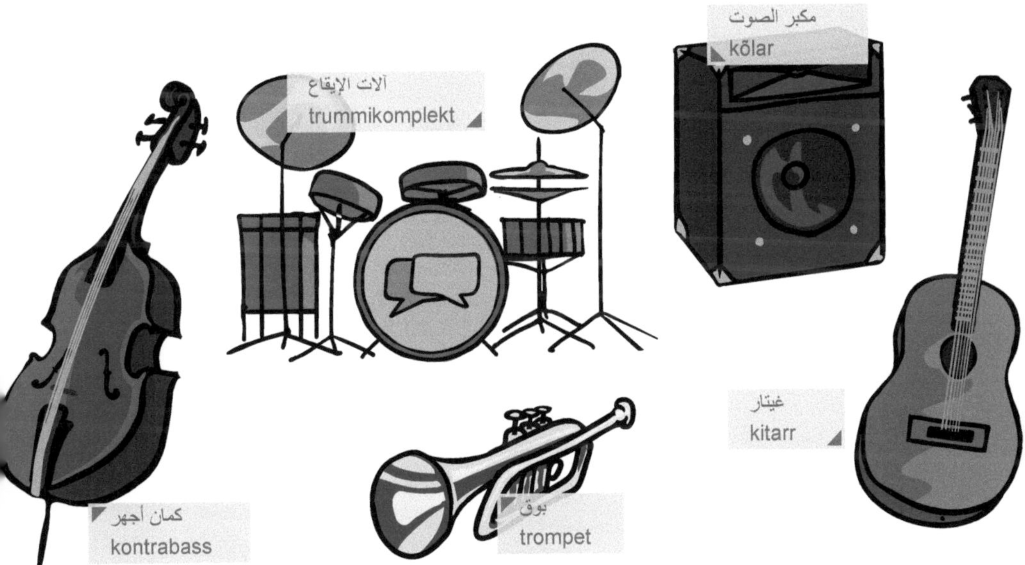

مكبر الصوت
kõlar

آلات الإيقاع
trummikomplekt

غيتار
kitarr

كمان أجهر
kontrabass

بوق
trompet

بيانو

klaver

كمنجة

viiul

جهير

bass

طبل كبير

timpan

طبل

trummid

بيانو كهرباني

süntesaator

ساكسوفون

saksofon

ناي

flööt

ميكروفون

mikrofon

حديقة حيوانات

loomaaed

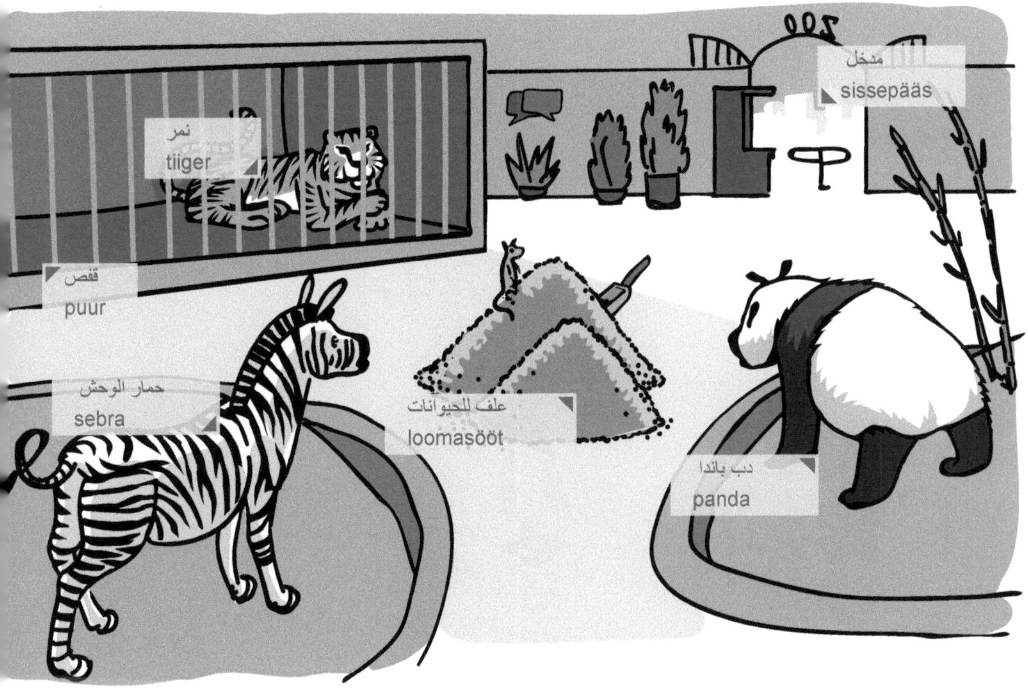
مدخل
sissepääs
نمر
tiiger
قفص
puur
حمار الوحش
sebra
علف للحيوانات
loomasööt
دب باندا
panda

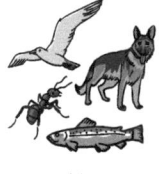

حيوانات

loomad

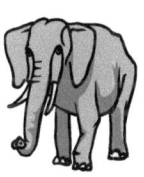

فيل

elevant

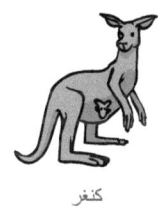

كنغر

känguru

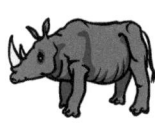

وحيد القرن

ninasarvik

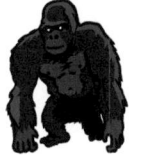

غوريلا

gorilla

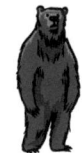

دب

karu

جمل

kaamel

نعامة

jaanalind

أسد

lõvi

قرد

ahv

طائر فلامينغو

flamingo

ببغاء

papagoi

دب قطبي

jääkaru

بطريق

pingviin

سمك القرش

hai

طاووس

paabulind

أفعى

madu

تمساح

krokodill

حارس في حديقة الحيوان

loomaaiatalitaja

عجل البحر

hüljes

نمر أمريكي مرقط

jaaguar

فرس قزم

poni

نمر

leopard

فرس النهر

jõehobu

زرافة

kaelkirjak

نسر

kotkas

خنزير برّي

metssiga

سمك

kala

سلحفاة

kilpkonn

حيوان فظ البحري

morsk

ثعلب

rebane

غزال

gasell

كرة القدم الأمريكية
Ameerika jalgpall

ركوب الدراجات
jalgrattasõit

كرة التنس
tennis

كرة السلة
korvpall

السباحة
ujumine

الملاكمة
poksimine

هوكي الجليد
jäähoki

كرة القدم
jalgpall

الريشة الطائرة
sulgpall

ألعاب القوى الخفيفة
kergejõustik

كرة اليد
käsipall

التزلج على الثلج
suusatamine

بولو
polo

يقفز
hüppama

يعانق
kallistama

يضحك
naerma

يمشي
jalutama

يغنّي
laulma

يحلم
unistama

يصلّي
palvetama

يقبّل
suudlema

يكتب
kirjutama

يرسم
joonistama

يُري
näitama

يدفع
lükkama

يعطي
andma

يأخذ
võtma

يملك

omama

يعمل

tegema

يوجد

olema

يقف

seisma

يركض

jooksma

يسحب

tõmbama

يرمي

viskama

يقع

kukkuma

يستلقي

lamama

ينتظر

ootama

يحمل

kandma

يجلس

istuma

يلبس

riidesse panema

ينام

magama

يستيقظ

ärkama

ينظر إلى ..
....
vaatama

يبكي
....
nutma

يمسّد
....
paitama

يمشّط
....
kammima

يتكلم
....
rääkima

يفهم
....
aru saama

يسأل
....
küsima

يسمع
....
kuulama

يشرب
....
jooma

يأكل
....
sööma

يرتب
....
korrastama

يحب
....
armastama

يطبخ
....
süüa tegema

يقود
....
sõitma

يطير
....
lendama

يبحر بزورق شراعي

purjetama

يحسب

arvutama

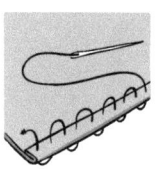

يقرأ

lugema

يتعلّم

õppima

يعمل

töötama

يتزوج

abielluma

يخيط

õmblema

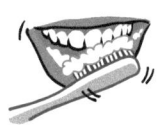

ينظف أسنانه

hambaid pesema

يقتّل

tapma

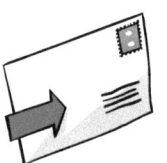

يدخّن

suitsetama

يرسل

saatma

عائلة

perekond

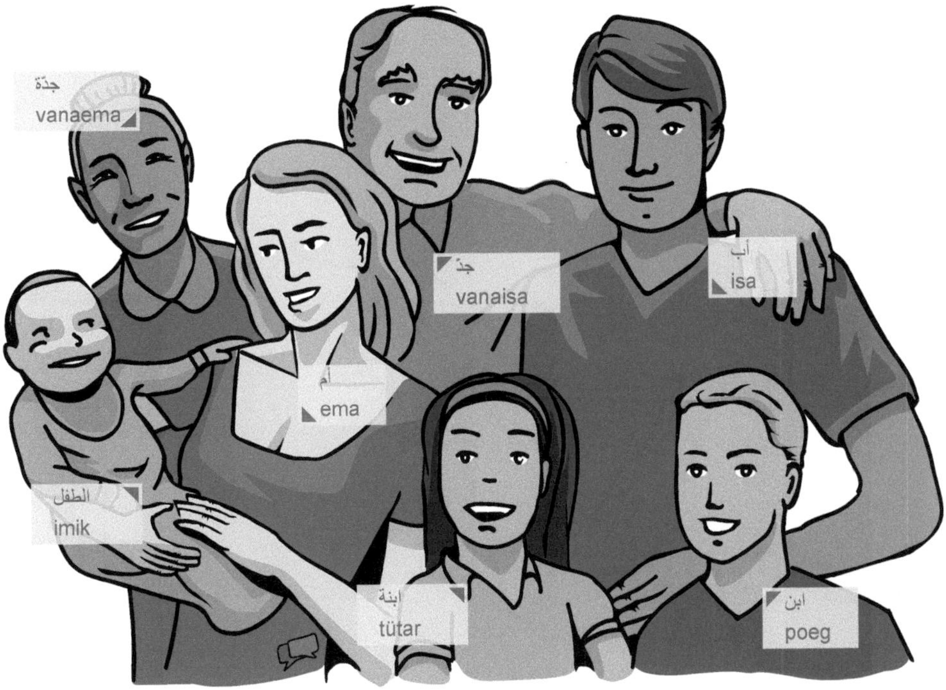

جدّة
vanaema
جدّ
vanaisa
أب
isa
أم
ema
الطفل
imik
ابنة
tütar
ابن
poeg

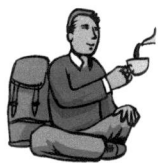

ضيف

külaline

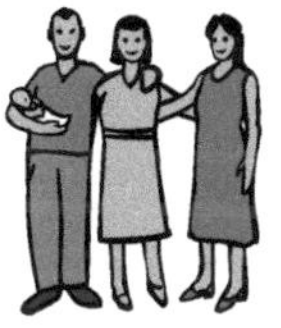

عمّة / خالة

tädi

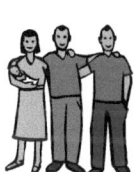

عمّ / خال

onu

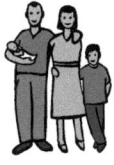

أخ

vend

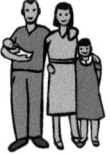

أخت

õde

الجسم

keha

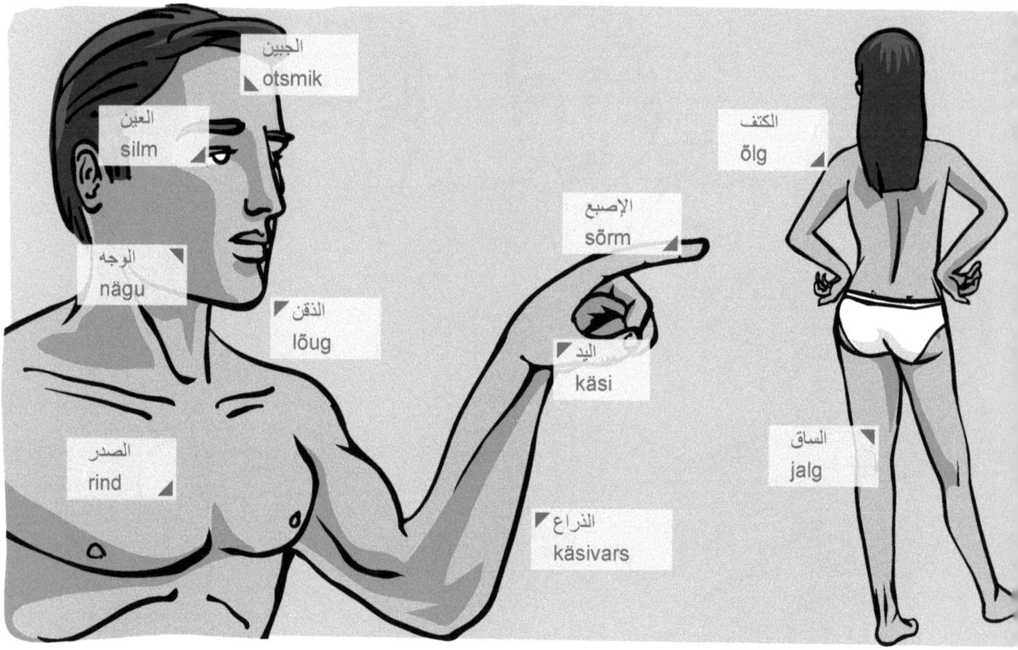

الجبين
otsmik
العين
silm
الكتف
õlg
الإصبع
sõrm
الوجه
nägu
الذقن
lõug
اليد
käsi
الساق
jalg
الصدر
rind
الذراع
käsivars

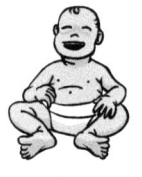

الطفل

imik

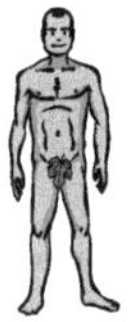
الرجل

mees

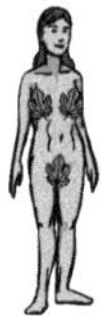
المرأة

naine

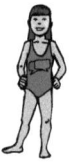

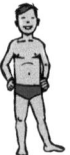

البنت

tüdruk

الولد

poiss

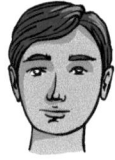

الرأس

pea

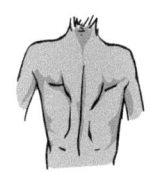	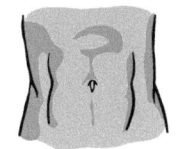	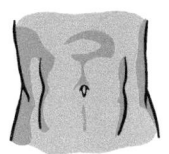
الظهر	البطن	السرّة
selg	kõht	naba

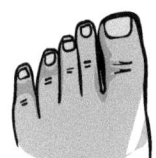	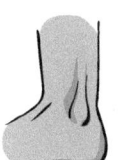	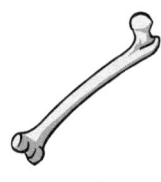
إصبع القدم	الكعب	العظم
varvas	kand	luu

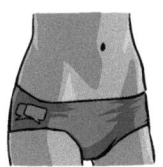		
الورك	الركبة	المرفق
puus	põlv	küünarnukk

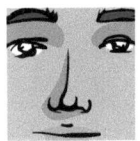		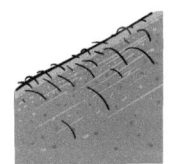
الأنف	العَجُز	البشرة
nina	tagumik	nahk

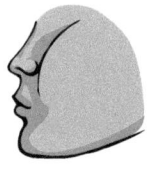	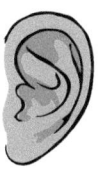	
الخد	الأذن	الشفة
põsk	kõrv	huuled

الفم

suu

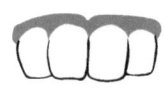

السن

hammas

اللسان

keel

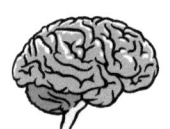

الدماغ

aju

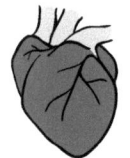

القلب

süda

العضلة

lihas

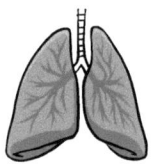

الرئة

kops

الكبد

maks

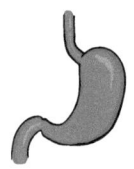

المعدة

magu

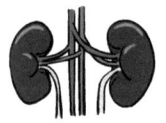

الكلى

neerud

الاتصال الجنسي

seksuaalvahekord

الواقي المطاطي

kondoom

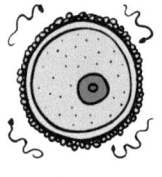

البويضة

munarakk

المنيّ

sperma

الحمل

rasedus

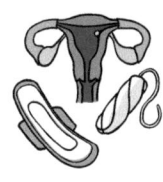

الحيض
menstruatsioon

المهبل
vagiina

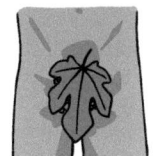

القضيب
peenis

الحاجب
kulm

الشعر
juuksed

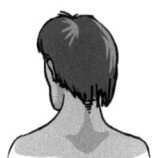

الرقبة
kael

المستشفى
haigla

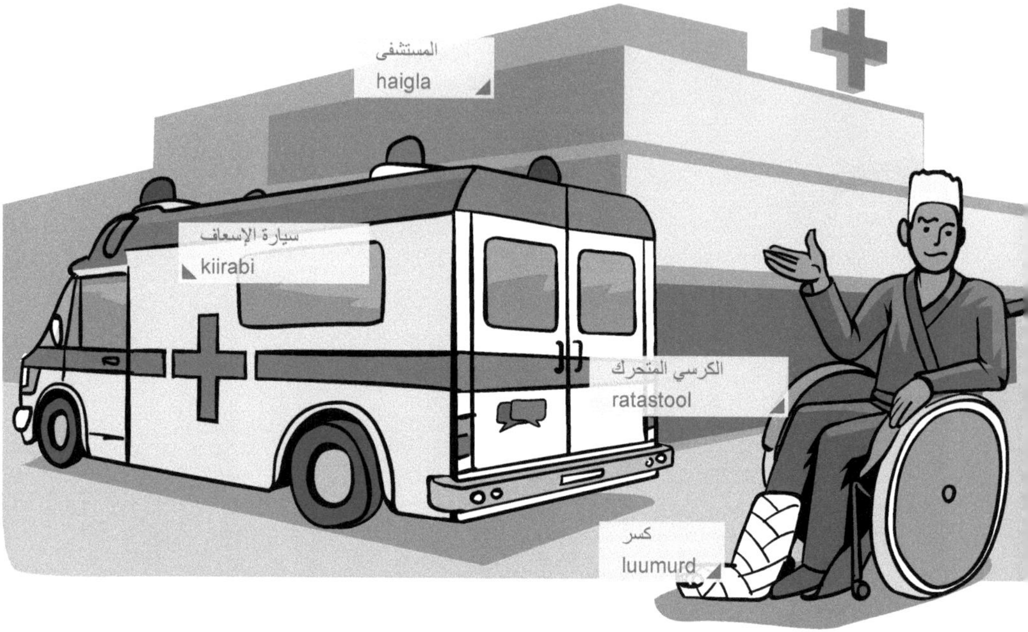

المستشفى
haigla
سيارة الإسعاف
kiirabi
الكرسي المتحرك
ratastool
كسر
luumurd

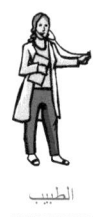

الطبيب
arst

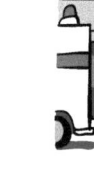

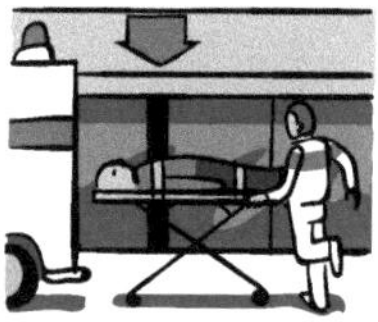

غرفة الإسعاف
traumapunkt

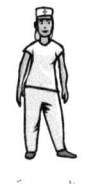

الممرضة
meditsiiniõde

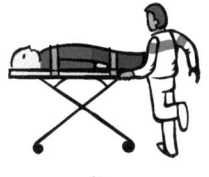

حالة
hädaolukord

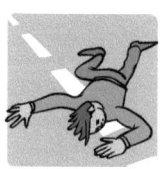

مغمى عليه
teadvuseta

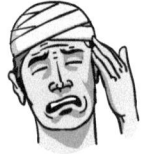

الألم
valu

إصابة

vigastus

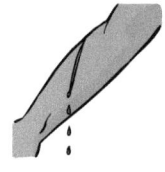

النزيف

verejooks

احتشاء القلب

südamerabandus

جلطة

insult

حسّية

allergia

السعال

köha

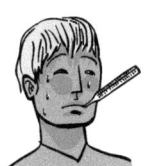

الحُمّى

palavik

إنفلونزا

gripp

الإسهال

kõhulahtisus

وجع الرأس

peavalu

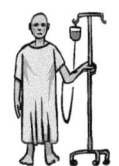

السرطان

vähk

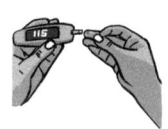

مرض السكر

diabeet

جرّاح

kirurg

مبضع

skalpell

عملية

operatsioon

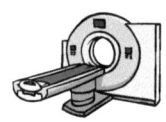

سيتي سكان
....
KT

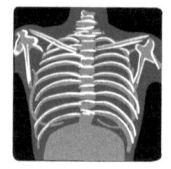

الأشعة السينية
....
röntgen

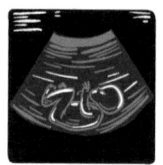

فوق الصوتي
....
ultraheli

القناع
....
mask

المرض
....
haigus

غرفة الانتظار
....
ooteruum

العُكّاز
....
kark

شريط لاصق
....
kips

ضمّاد
....
side

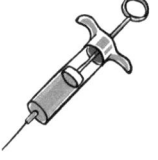

حقنة
....
süst

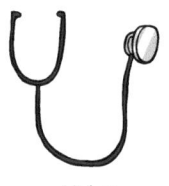

سمّاعة الطبيب
....
stetoskoop

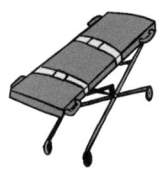

نقالة
....
kanderaam

ميزان حرارة
....
kraadiklaas

ولادة
....
sünd

وزن زائد
....
ülekaaluline

جهاز السمع

kuuldeaparaat

المواد المعقمة

desinfektsioonivahend

عدوى

põletik

فيروس

viirus

الإيدز

HIV / AIDS

الطب

meditsiin

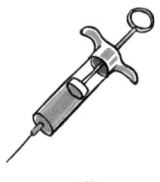

اللقاح

vaktsineerimine

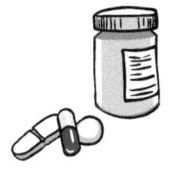

أقراص الدواء

tabletid

حبّة الدواء

pill

نداء النجدة

hädaabikõne

مقياس ضغط الدم

vererõhuaparaat

مريض / صحيح

haige / terve

النجدة!

Appi!

إنذار

häire

اعتداء

kallaletung

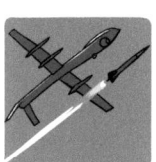

هجوم

rünnak

خطر

oht

مخرج طوارئ

avariiväljapääs

حريق!

Tulekahju!

جهاز الإطفاء

tulekustuti

حادث

õnnetus

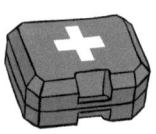

حقيبة الإسعاف الأولي

esmaabikomplekt

أنقذونا

SOS

الشرطة

politsei

أوروبا

Euroopa

أمريكا الشمالية

Põhja-Ameerika

أمريكا الجنوبية

Lõuna-Ameerika

أفريقيا

Aafrika

آسيا

Aasia

أستراليا

Austraalia

المحيط الأطلسي

Atlandi ookean

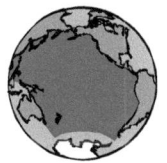

المحيط الهادي

Vaikne ookean

المحيط الهندي

India ookean

المحيط المتجمد الجنوبي

Lõuna-Jäämeri

المحيط المتجمد الشمالي

Põhja-Jäämeri

القطب الشمالي

põhjapoolus

القطب الجنوبي

lõunapoolus

منطقة القطب الجنوبي

Antarktika

أرض

Maa

بر

maismaa

بحر

meri

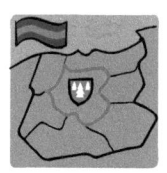

جزيرة

saar

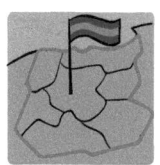

أمة

rahvus

دولة

riik

ميناء الساعة

sihverplaat

عقرب الساعات

tunniosuti

عقرب الدقائق

minutiosuti

عقرب الثواني

sekundiosuti

كم الساعة الآن؟

Mis kell on?

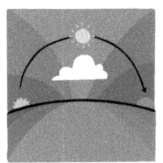

يوم

päev

زمن

aeg

الآن

praegu

ساعة رقمية

digitaalne kell

دقيقة

minut

ساعة

tund

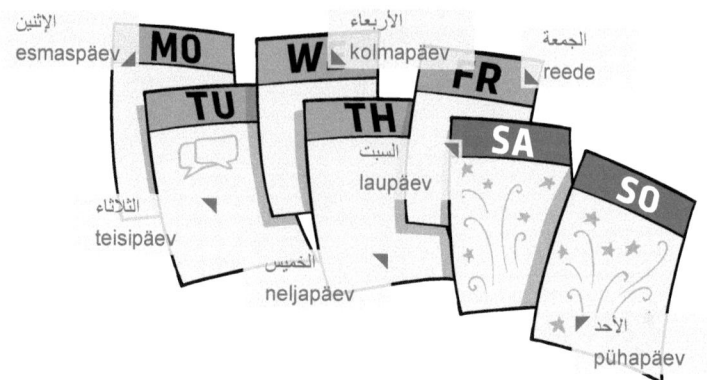

الإثنين
esmaspäev

الأربعاء
kolmapäev

الجمعة
reede

الثلاثاء
teisipäev

الخميس
neljapäev

السبت
laupäev

الأحد
pühapäev

الأمس

eile

اليوم

täna

غدًا

homme

الصباح

hommik

الظهر

lõuna

المساء

õhtu

أيام العمل

tööpäevad

نهاية الأسبوع

nädalavahetus

قوس قزح
vikerkaar

مطر
vihm

ثلج
lumi

ريح
tuul

الخريف
sügis

الربيع
kevad

الصيف
suvi

الشتاء
talv

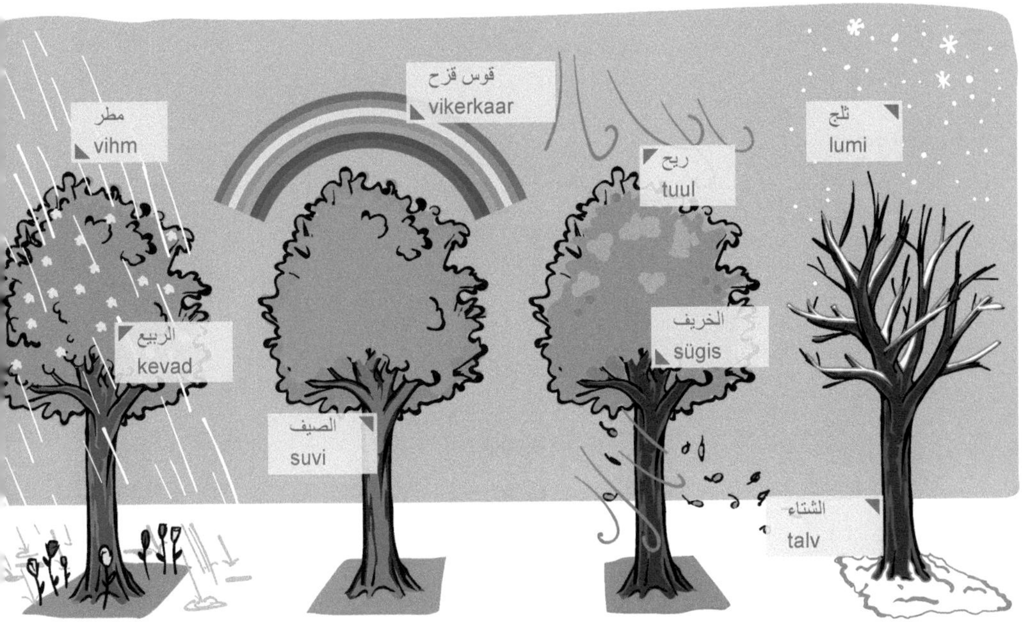

التنبّؤ بالحالة الجوية

ilmaennustus

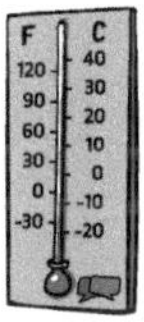

مقياس حرارة

termomeeter

ضوء الشمس

päikesepaiste

سحابة

pilv

ضباب

udu

رطوبة الجو

niiskus

برق

pikne

رعد

kõu

عاصفة

torm

بَرَد

rahe

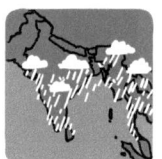

ريح موسميّة

mussoon

طوفان

üleujutus

جليد

jää

كانون الثاني / يناير

jaanuar

شباط / فبراير

veebruar

آذار / مارس

märts

نيسان / أبريل

aprill

أيار / مايو

mai

حزيران / يونيو

juuni

تموز / يوليو

juuli

آب / أغسطس

august

سنة - aasta

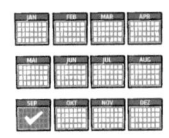

أيلول / سبتمبر
....
september

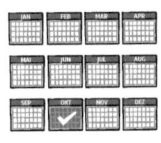

تشرين الأول / أكتوبر
....
oktoober

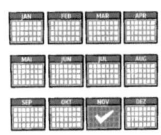

تشرين الثاني / نوفمبر
....
november

كانون الأول / ديسمبر
....
detsember

أشكال

kujundid

دائرة
....
ring

مربّع
....
ruut

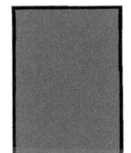

مستطيل
....
nelinurk

مثلث
....
kolmnurk

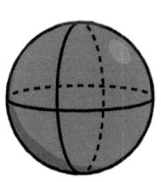

كرة
....
kera

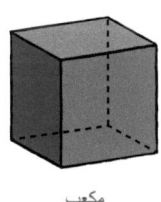

مكعب
....
kuup

أبيض

valge

أصفر

kollane

برتقالي

oranž

وردي

roosa

أحمر

punane

بنفسجي

lilla

أزرق

sinine

أخضر

roheline

بنّي

pruun

رمادي

hall

أسود

must

كثير / قليل

palju / vähe

غضبان / هادئ

vihane / rahulik

جميل / قبيح

ilus / inetu

بداية / نهاية

algus / lõpp

كبير / صغير

suur / väike

فاتح / قاتم

hele / tume

أخ / أخت

vend / õde

نظيف / وسخ

puhas / must

كامل / ناقص

täielik / puudulik

نهار / ليل

päev / öö

ميت / حيّ

surnud / elus

عريض / ضيّق

lai / kitsas

صالح للأكل / غير صالح

söödav / mittesöödav

شِرِّير / لطيف

kuri / sõbralik

مثير / ممل

põnevil / tüdinud

سمين / نحيف

paks / peenike

أولاً / أخيراً

esimene / viimane

صديق / عدو

sõber / vaenlane

مليء / فارغ

täis / tühi

صلب / لَيِّن

kõva / pehme

ثقيل / خفيف

raske / kerge

جوع / عطش

nälg / janu

مريض / صحيح

haige / terve

غير شرعي / شرعي

ebaseaduslik / seaduslik

ذكي / غبي

tark / rumal

يسار / يمين

vasak / parem

قريب / بعيد

lähedal / kaugel

جديد / مستعمل

uus / kasutatud

لا شيء / بعض الشيء

mitte midagi / midagi

مسن / شاب

vana / noor

يشعل / يطفئ

sees / väljas

مفتوح / مغلق

lahti / kinni

خافت / عال

vaikne / vali

غني / فقير

rikas / vaene

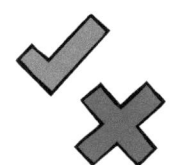

صح / خطأ

õige / vale

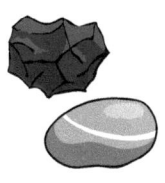

أحرش / املس

kare / sile

حزين / سعيد

kurb / rõõmus

قصير / طويل

lühike / pikk

بطيء / سريع

aeglane / kiire

مبلول / جاف

märg / kuiv

ساخن / بارد

soe / jahe

حرب / سلم

sõda / rahu

الأضداد - vastandid 87

0	**1**	**2**
صفر	واحد	اثنان
null	üks	kaks
3	**4**	**5**
ثلاثة	أربعة	خمسة
kolm	neli	viis
6	**7**	**8**
ستة	سبعة	ثمانية
kuus	seitse	kaheksa
9	**10**	**11**
تسعة	عشرة	أحد عشر
üheksa	kümme	üksteist

12
اثنا عشر
kaksteist

13
ثلاثة عشر
kolmteist

14
أربعة عشر
neliteist

15
خمسة عشر
viisteist

16
ستة عشر
kuusteist

17
سبعة عشر
seitseteist

18
ثمانية عشر
kaheksateist

19
تسعة عشر
üheksateist

20
عشرون
kakskümmend

100
مائة
sada

1.000
ألف
tuhat

1.000.000
مليون
miljon

الإنكليزية

inglise

الإنكليزية الأمريكية

Ameerika inglise

لغة ماندارين الصينية

mandariini

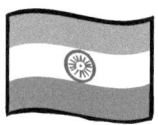

الهندية

hindi

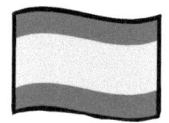

الإسبانية

hispaania

الفرنسية

prantsuse

العربية

araabia

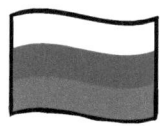

الروسية

vene

البرتغالية

portugali

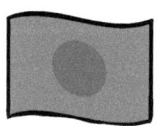

البنغالية

bengali

الألمانية

saksa

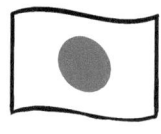

اليابانية

jaapani

أنا

mina

أنت

sina

هو / هي

tema

نحن

meie

أنتم

teie

هم

nemad

من؟

kes?

ماذا؟

mis?

كيف؟

kuidas?

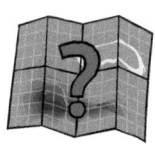

أين؟

kus?

متى؟

millal?

اسم

nimi

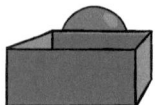

خلف

taga

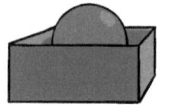

في

sees

أمام

ees

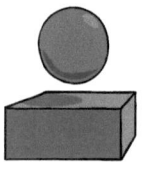

فوق

kohal

على

peal

تحت

all

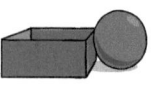

جنب

kõrval

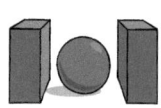

بين

vahel

مكان

koht